ENTRÉE
DU ROI A PARIS.

ENTRÉE

DU ROI A PARIS.

Nous touchons enfin au terme de notre affreuse situation ! plus de guerre perpétuelle, plus d'impôt outre mesure, plus de pleurs sur des enfans prématurément soldats ; la France, rendue à ses antiques habitudes, à son caractère, à ses mœurs, prête à être renversée, ou à tomber, par les fautes d'un seul homme, dans un état horrible de barbarie, va ressaisir l'olivier de la paix, et jouir des bienfaits de quatorze cents ans de civilisation, si chèrement achetés !

C'est le calme d'un beau jour qui va succéder à une longue suite d'orages. La nature, sans cesse attaquée, et toujours plus impitoyablement, était comme atteinte d'une langueur mortelle ; partout les traces de l'épuisement et de la misère se découvraient à l'œil inquiet des peuples ; le morne silence qui marquait les intervalles d'une crise à l'autre, ou espaçait les évolutions de la foudre, n'était troublé que par le sombre murmure des sanglots, des plaintes ou des gémissemens. Une telle vie était importune à l'homme, même le plus philosophe, ou pénétré des consolantes maximes d'une sainte religion ; il était résigné, et l'aspect de la mort ne l'épouvantait plus. En dissimulant ses craintes, ses sinistres pressentimens, et cherchant même parfois à s'en imposer afin que rien ne le décèle, il essayait de porter quelque sécurité dans les cœurs, de dissiper les alarmes ; mais s'il parvenait à calmer ces mouvemens, d'autant plus cruels qu'ils étaient plus concentrés, ses efforts généreux restaient bientôt sans effet : ce n'était que comme une légère rosée en pleine canicule ; le soulagement n'avait que l'effet d'une subite distraction, et l'abattement était comme un besoin. Mais les campagnes surtout offraient le triste spectacle d'une profonde consternation ; sous l'humble toit de l'indigence, comme au milieu des champs ou dans les fermes, partout même stupeur et plus de franchise que partout ailleurs ; car on le nommait, et on le nommait avec l'accent de l'indignation, cet homme auteur de tant de maux, qui de la patrie ne semblait vouloir faire qu'un immense cimetière, et de l'Europe toute entière une terre sans habitans, ou si faibles, si faibles, ou tellement asservis, qu'il eût, libre dans ses courses guerrières, imposé sans peine toutes les lois qu'il aurait voulu !

Cet état de choses était trop violent, trop contre l'expérience des siècles, trop contre la nature pour pouvoir durer plus long-temps ; il rendait inévitable une grande révolution ; mais Dieu même a seul pu permettre qu'elle se fît comme elle s'est faite : il a voulu que le retour des Bourbons en France fût plus particulièrement inscrit au grand livre avec les caractères analogues à cette douceur, à cette ineffable bonté, à cette magnanimité, à cette grandeur qui est héréditaire dans cette famille, famille illustre qui a donné tant de bons rois à la France, et des reines admirables à nos voisins.

Qu'on ne cherche donc plus la raison de

cette impatience générale, de ce grand empressement, de cette allégresse universelle.

Je dois annoncer l'arrivée du roi sur le sol de la France, et je voudrais déjà parler de son entrée à Paris. Tant de vertus dans un souverain comme Louis XVIII devaient communiquer à tous les cœurs la vive impatience des désirs ; aussi le surnomme-t-on Louis le désiré.

Sa Majesté Louis XVIII, Roi de France et de Navarre, est débarqué à Calais le 24 avril.

Elle est venue par Amiens à Compiègne, où elle est arrivée le 30 avril.

Elle a reçu dans cette ancienne maison de nos rois les félicitations des grands corps de l'état et de MM. les maréchaux de France, le prince Berthier portant la parole. Elle les a tous accueillis avec la bonté d'un père qui revoit enfin ses enfans.

Elle a reçu en outre la visite de l'empereur Alexandre.

Elle est venue à Saint-Ouen le 2 mai.

Toute la capitale était dans la plus vive impatience, tout Paris accourait, et Saint-Ouen était déjà environné de beaux groupes d'individus de tous sexes, de tout âge et de toutes les classes.

Enfin le 3 mai 1814, vers midi, sa Majesté est entrée dans sa capitale par la porte Saint-Denis, où une énorme et magnifique couronne était suspendue, et que l'on a doucement approchée de son front auguste.

On voudra bien me permettre de rendre compte de mes remarques; on ne peut jamais trop mettre d'empressement à écrire sur un tel sujet, à célébrer ce retour des Français à leur légitime souverain.

Je me permettrai également quelques réflexions sur Buonaparte, et ferai même part de celles de quelques militaires distingués.

Tous les journaux ont déjà parlé de cette entrée mémorable du Roi dans la capitale du royaume de France et de Navarre; je me crois donc dispensé de rien dire du décor des différens quartiers de Paris, de l'empressement comme du goût que chacun a apporté à orner ses habitations; mais, comme les journaux, je ne puis trop insister sur l'allégresse universelle.

J'adresse cette relation à un de mes amis, et précisément il arrive au moment même où je suis à écrire.

Il s'est engagé entre nous un débat qui a

fait éclore des réflexions et amené des épanchemens de cœur.

Un homme très estimable, à qui j'en ai rendu compte, y a été si sensible, qu'il m'a fait promettre de rendre le tout public. J'ai hésité... il est revenu à la charge... J'obéis, mais j'ose réclamer quelque indulgence.

Voici mot pour mot ce qui s'est passé :

Hé bien ! hé bien ! quelle nouvelle ?

Tu as perdu beaucoup, mon cher Philidor, à être à la campagne précisément le jour de ce grand jour... Tu as vu, dis-tu, le couronnement, tant de marches militaires, tant d'armées, et qui plus est deux fois l'entrée de Napoléon dans Vienne, tu ne sais combien de fois à Berlin; tu l'as vu à Madrid, et tu as vu Moscou; que peut-on, dis-tu, jamais voir de plus... de plus grave, de plus magnifique, de plus brillant, et tout cela souvent précédé de cinquante ou cent pièces de canon, et surtout de la victoire qui vous rendait tous contens?... — Où étaient donc les malheureux habitans? vous regardaient-ils? que faisaient-ils dans ces heureux momens des Français?... Les portes, les croisées, les boutiques étaient fermées, ou presque toutes, et on voyait si peu de ces gens-là qu'au milieu du plus profond silence nos belles armées paraissaient prendre possession d'un désert... Ah! voilà le mot lâché! donc que la guerre, vaincu ou victorieux, a toujours à sa suite quelque chose d'épouvantable, et qu'après des flots de sang elle fait ordinairement couler les larmes par torrent. Tu as le cœur sensible et bon, tu es toujours Français; facile à émouvoir, un spectacle touchant t'enivre, te suffoque et te fait pleurer; hé bien! tu aurais pleuré avec moi, cher Philidor, en voyant le Roi de France, l'image de Louis XVI, dans une voiture toute simple qu'on nomme calèche, ayant à sa gauche la digne fille d'Antoinette, regardant tous les Français qui formaient la double haie de Saint-Ouen à Notre-Dame! Il a traversé Paris au très petit pas, traîné par huit chevaux blancs, beaux comme ceux du consul. Qu'il avait l'air radieux! que madame la duchesse d'Angoulême était intéressante! quel port! quelle grâce! quel sourire! que tous deux saluaient bien! que monsieur de Bourbon, que le vieux prince de Condé, dont tous les traits annoncent la grandeur, oh! que tous deux figuraient bien en face du Roi et de la nièce du

Roi!... Que M. le comte d'Artois , Monsieur, et son fils, M. le duc de Berry, faisaient plaisir à cheval à chacune des portières! Oh, le beau temps! jamais on n'aurait pu trouver un plus beau jour; aussi l'armée, composée de tous Français, cavalerie et infanterie, mêlée comme au hasard l'un parmi l'autre, marchant cependant en ligne et avec ordre, au son des tambours et de grosses masses de musiciens; aussi l'armée, dis-je, qui ouvrait et fermait cette pompe, a été elle-même remarquée de tout le peuple , contenu dans les rues par une haie de soldats de la garde parisienne, qui par parenthèse a une tenue vraiment étonnante : elle fait souvent prendre le change; elle est vraiment admirable. Du rez de chaussée au grenier toutes les issues étaient garnies de monde, et de beau monde, de femmes plus particulièrement. Ce n'était partout que *bravo* et vive le Roi !... vive Madame d'Angoulême!... vivent les Bourbons!... Les claquemens de mains des dames , un instant ralentis , ont redoublé et ont été très prolongés lorsque les vieux grenadiers de l'ancienne Garde ont paru, ayant encore l'aigle à leur gros bonnet, de même qu'à la giberne , marchant un peu en avant , et presque tout contre la famille royale.

Les dames semblaient sentir vivement cette délicatesse du Roi en faveur de ces braves gens, et chacun de nous y a vu de la grandeur; chacun de nous y a été sensible, et a encore crié plus fort vive le Roi...

Je ne dis rien du grand nombre d'équipages bien beaux devant et derrière la calèche du Roi, ni même de sa voiture d'apparat qui suivait à vide cette calèche. Les voitures de la ville de Paris, dans chacune desquelles se trouvaient les douze maires, figuraient cependant bien immédiatement en avant de S. M. Toutes les rues étaient tapissées; les guirlandes, les fleurs de lis, des couronnes de toutes les couleurs se découvraient partout : la joie, l'allégresse, des élans de cœur... enfin rien ne manquait à cette fête, triomphe de ce tendre ascendant des Bourbons sur tous les Français. Je ne pus y tenir; du coin où j'étais pressé à étouffer, je m'élançai à la voiture du Roi; un nouveau redoublement de *bravo* et de cris m'enleva, et j'osai remettre les couplets que je venais de faire au chef de légion de la garde parisienne, montant un cheval énorme qui manqua de me renverser. Ce monsieur a une trop bonne figure pour m'avoir laissé étendu..., et le Roi lui-même, qui a la bonté dans tous les traits, eût probablement fait arrêter sa voiture,

Tu as la meilleure envie du monde de te soumettre et d'exhorter les tiens à l'obéissance: que je regrette que tu n'aies pas pu voir notre bon roi, son illustre et chère famille ! comme ton ame eût été bientôt purgée de ces idées propres à en troubler le repos ou les jouissances !

Tu aurais revu encore une fois ces aigles et les grenadiers de l'ancienne Garde, fiers de les porter, se dire entr'eux, à ce que l'on m'a rapporté : Nous en ferons l'hommage au Roi lui-même ; ce sera pour lui un gage de plus de notre fidélité.

De bonne foi ils sont trop braves, trop honnêtes gens, trop bons militaires pour n'avoir pas secrètement jugé Buonaparte, apprécié ses folies, le délire de ses erreurs, l'imprévoyance surtout, qui a marqué le plus grand nombre de ses actions depuis un certain temps, et principalement depuis, si même avant Moscou, Laissons - le... laissons Buonaparte ; oublions-le... oublions les grands maux qu'il a faits à sa patrie. Cependant il peut

encore être utile aux hommes et à la France :
il veut écrire ;... qu'il fasse comme César ;
qu'il écrive ses campagnes ; c'est peut-être
un des moyens de relever sa gloire et de
mourir l'ame soulagée.

L'infortune corrige l'homme, et de sa tête,
enfin tranquille, peuvent encore sortir des
idées lumineuses.

Il sentira les charmes de la vie privée, et
plus il les sentira, plus il s'y affectionnera
davantage.

On ne remonte jamais sur le trône dont on
est descendu, ou dont on a été précipité :
cela doit être dit quelque part avec plus de
force et dans un style aussi grave qu'imposant.

Les militaires aiment bien ce mot du Roi
parlant aux maréchaux de France, échappé à
son cœur, qui devait être vivement ému par
la présence d'un aussi illustre corps :

« Tout goutteux que je suis je marcherais
avec vous ». On nous cite des militaires dans
les Bourbons, et des militaires distingués ; le
prince de Condé n'est-il pas de la famille ? Et
M. le duc de Berry ?

És-tu consolé mon ancien camarade ?
ça viendra... Quoi ! tu te rebiffes encore !...

Napoléon, te dis-je, va couler d'heureux jours... Il se consolera lui-même en recueillant les grands traits de la gloire,... et, puisque tu le veux, hé bien ! j'y consens... de l'amour des Français.

Oh ! mais doucement ; on doit être toujours vrai, même quand on plaisante : je te déclare donc que je ne croque cette note que pour une demi-minute et même moins.

Pour tout concilier et rester ton ami je commence par te dire qu'au nom de Buonaparte je joindrai le nom d'ex-général, puisqu'il vit encore. Cela te plaît ?... Preuve qu'avec un tant soit peu de baume il n'y a guère de plaie dont on n'adoucisse la douleur.

Je vais à présent... Mais il faut que je reprenne un tant soit peu haleine, car tu m'en fais endurer... de dures...

Tiens, prends-moi sur le temps, et mets-toi en garde.... Y es-tu ?... Il n'y a pas de risposte, entends-tu, quand on tire au mur.

Ton tour viendra toujours assez tôt. ... Quand tu seras las tu t'assoiras. Pourvu que tu sois avec moi en face, mon cher Philidor, voilà ce qu'il me faut ; au surplus restons-en là ; promenons-nous bras dessus, bras dessous, comme il y a... en causant de Pichegru, de Moreau, d'Enghien et de Georges, que nous avons vu mis de niveau dans un livre aujourd'hui fort en vogue.

Sur ces quatre hommes, qui ont eu chacun leur manière d'arriver à la gloire, on ferait des volumes.

Je mettrais, dis-tu, le dernier à la fin de la collection.—Quoi! tout à la fin? — Sans doute, et encore je ne voudrais pas y consacrer un volume tout entier. — Je ne le pourrais pas... D'ailleurs que pourrait-on dire de Georges sans les noms de Pichegru et de Moreau?.. Cette matière peut prendre beaucoup plus de temps que nous n'en avons aujourd'hui, parce que M. Georges a eu l'honneur d'être ou de se dire en mission pour Sa Majesté Louis XVIII. Nous y reviendrons, n'en déplaise à l'auteur qui a placé sur la même ligne le duc d'Enghien, Pichegru, Georges et Moreau.

Arrivons, arrivons à Buonaparte, à cet enfant, à ce héros, à ce grand homme, à celui que l'on ne peut cependant de bonne foi considérer que comme un ancien général de la

France. Nous aurons bien sujet de nous en ressouvenir ; eh oui, pour notre malheur ! Je veux dire comme ayant eu la toute - puissante souveraineté d'un tyran sur l'un des plus grands empires du monde, qu'il aurait pu et n'a pas su conserver à l'ombre seul de son nom ou de sa gloire.

Les Anglais eux - mêmes dans leur île ont tremblé.

Et à l'époque où je me reporte je conviens, mon cher camarade, que la France l'aimait.

Mais elle ne l'aimait pas au 18 brumaire ; elle ne l'aimait point encore après ; elle l'avait en horreur après Leipsick surtout.

Marengo avait fixé les regards de l'Europe, et reconcilié un peu le général avec la patrie.

La France n'aimait point encore Buonaparte lorsqu'il se fit nommer consul à vie.

On applaudit par tout à la noble et courageuse résistance de je ne sais combien de membres du tribunat, et un seul fut distingué.

Si les souverains avaient tous de pareils sujets les nations ne seraient jamais avilies ; et avec une poignée d'hommes de cette trempe on pourrait se dispenser de désirer le Rhin pour limite, ou laisser en toute sûreté tomber en ruine toutes nos belles forteresses de la Flandre et des trois autres points cardinaux ; je ne sais même s'ils ne feraient pas ce qu'ont fait les Romains, qui sans marine ont vaincu Carthage.

La France a admiré de grandes choses en Buonaparte, mais la France était lasse de ce maître qui ne la gouvernait plus qu'en tyran furieux ; ce sentiment était celui des maréchaux, des autres généraux. Quand des hommes comme ceux-là prennent un pareil parti, qu'ont à dire quelques officiers en sous ordre?... Qu'ont donc à dire les soldats ?... Voulez-vous, messieurs, avec quelques idées qui ne sont rien moins que libérales, et qui ont peut-être leur source dans de pures considérations personnelles, nous replonger dans les dissentions et les affreux déchiremens de la révolution de 1793, et, dans l'attente vaine ou chimérique d'avoir des récompenses de Buonaparte, mettre le feu et faire couler le sang au milieu de votre beau pays, de votre patrie, de cette si belle France? Souvenez-vous que vous êtes Français et des gens pleins d'honneur.

Les magistrats les plus distingués auraient

eux-mêmes fait le premier pas ; Portalis et Tronchet auraient marché à leur tête. Allez voir, incrédules, plaisantant vous-mêmes de la conduite effrénée de Buonaparte ; allez voir au Louvre les monumens élevés à la gloire de ces deux grands législateurs ; voyez des hommes instruits s'arrêter au pied de leurs statues. Portalis ne rappelle pas seulement un grand homme d'état, mais le plus grand orateur des consuls ou de l'empire. Les hommes l'ont quitté fatigués par le poids des souvenirs, que les femmes y sont encore. Les émotions de l'Apollon étaient les émotions de l'amour ; celles-ci sont les émotions d'un cœur vivement frappé par l'image de la grandeur, attestant tout à la fois de grandes vertus et de grands talens.

Une femme bien née juge ordinairement mieux les hommes nos contemporains que nous tous. Des années s'étaient écoulées sans que l'on entendît échapper, ni en province, ni dans la capitale, aucune de ces saillies vives qui annoncent toujours la présence d'un sentiment qui condamne ou qui approuve avec franchise. Les femmes n'aimaient point Buonaparte : elles le laissaient critiquer dans les cercles et quelquefois admirer. Il y avait long-temps que leur jugement avait reçu le grand sceau de l'approbation générale.

Moins formées sur le modèle de l'Emile que le cœur empreint de ces anciennes maximes, relevées avec force dans Massillon, elles étaient à coup sûr très respectables dans cette opinion si profondément enracinée. Fénélon lui seul eût suffi à les fortifier davantage, si leur faiblesse avait été dans le cas de les combattre ou de les soumettre. O si elles aiment les autres, elles adorent bien certainement celui qui forma un prince fait pour gouverner les Fran-çais, qui fut si sensiblement regretté, et dont la perte inattendue semblait présager de grands malheurs ! La France, attaquée à cette époque, s'inclinait déjà, et elle s'inclina de plus en plus dans les temps qui suivirent. Elle n'était qu'à demi penchée quand tout à coup elle tomba avec un fracas épouvantable : la foudre grondant sans cesse, le temps était noir et nébuleux ; la nature en deuil, comme honteuse de sa défaite, se calmait par moment ; mais les secousses qui se faisaient toujours sentir avec plus de violence épuisaient sa force et son courage ; ceux mêmes dont on avait droit d'attendre de grands efforts n'étaient déjà plus, et la malheureuse France tomba dans la stupeur. On ne vit plus qu'une guillotine sur cette même place où les alliés ont célébré par un *Te Deum* leur entrée dans Paris C'était l'abattoir des bouchers ou payés ou salariant eux-mêmes. On tuait les hommes pour de l'argent, comme on les dénonçait à ce fameux tribunal par haine, jalousie ou pure vengeance. Cette affreuse guillotine était permanente, et si le jour ne suffisait pas, la nuit même elle allait son train. Les monstres qui l'environnaient paraissaient heureux, et leur joie éclatait par les plus insignes outrages, fait soit au vieillard, soit au sexe, soit au beau jeune homme qui montrait de la fermeté. Ces êtres dénaturés, amoncelés tout autour de l'échafaud, étaient un troupeau de bêtes féroces qui venaient comme s'abreuver dans une énorme mare de sang,.... jamais à sec, parce qu'elle ne manquait jamais d'être entretenue ; parce que le sang, bouillonnant, y coulait toujours comme de source ; parce que les bons, les fidèles, les braves et généreux Français étaient innombrables ; parce que l'élite de la France était condamnée à périr ainsi, 'et que l'on trouvait même de la douceur à mourir plutôt que de vivre témoin de tous ces forfaits. Les uns mouraient ou avec courage, ou avec gaîté, ou avec le grand sang-froid des héros, d'un brave qui brave la mort, crainte de la contagion du crime, et de mourir apostat, assassin ou voleur.

Tels étaient, mon cher Philidor, les hommes qui les premiers ont monté à la guillotine. D'autres ont succédé ; mais tels sont les affreux effets du déchaînement des passions et d'un état, sans lois ou sans autorité, qui tienne la main à leur exécution. La justice veut de la douceur, mais la justice veut aussi de la fermeté. L'un et l'autre s'allient fort bien ensemble dans le cœur du souverain qui, à de bonnes vues réunissant des lumières, a la force de se faire obéir.

Buonaparte n'était que dur, et du caractère dont on le connaît, que n'aurions-nous pas eu à redouter après que les violations réitérées aux constitutions l'avaient accoutumé à ne plus compter ni Sénat ni Corps-Législatif ! Il avait de son chef rendu des décrets de mort contre ses sujets : il avait voulu se faire nommer dictateur ; cela n'avait pas pris ; mais il l'était bien par le fait. Pense-t-on qu'un pouvoir aussi immense, surtout une nation dans les mains d'un homme comme ce général, eût été si facile à réprimer? Ceux qui auraient eu le courage d'essayer à le faire rentrer dans les limites des pouvoirs auraient été immanquablement proscrits; et après avoir par la guerre fait couler le sang par torrent, nous eussions revu encore une fois cette même guillotine trancher les têtes des plus respectables citoyens. Un seul individu eût fait ce qu'une poignée de brigands ont fait à Paris, à Lyon et à Arras. Nous n'avions réellement aucun moyen de nous soustraire à ce danger imminent; il eût fallu commettre un autre crime... Eh! comment encore aurait-on pu se débarrasser par des voies légales! De bonne foi il n'y en avait pas : ou il aurait fallu être tour à tour ou sujet factieux, ou sujet très soumis : cela est indigne des Français.

Aussi long-temps que Napoléon a eu l'autorité du commandement sur ce peuple, il était sage à nous, jetés sur la terre comme pour nous soumettre et ne savoir que marcher, il était nécessaire même de nous serrer, de nous presser autour de sa personne, parce que nous l'avions reconnu, vaille que vaille, pour notre souverain. Il n'est pas déchu par caprice, par pure fantaisie, par esprit de parti; il l'est parce que lui-même a violé ouvertement, et avec une audace heureusement bien rare chez les princes, ces constitutions dont nous l'avions rendu dépositaire, et qui étaient la garantie d'une part de notre fidélité envers lui; et d'autre part, du respect le plus religieux pour les droits que nous avions dû nous réserver, et qu'il s'était engagé envers nous de maintenir. Ce contrat, ce pacte si sacré d'un peuple au souverain, il l'a mis à ses pieds. En marchant ainsi il a passé sur le corps de la nation, qui, d'abord patiente, a tout à coup saisi fortement cet homme superbe, et l'a abattu. Dieu s'en est mêlé; il a autorisé cet acte mémorable. Alexandre l'a protégé : la récompense de l'empereur de Russie a été d'entrer comme libérateur dans cette grande ville, et la nôtre de rentrer sous le gouvernement des Bourbons, dont le nom seul est si doux et surtout si imposant en rétrogradant dans l'histoire.

C'est un coup du ciel !

Nulle part, ni dans les sociétés, quelles qu'elles fussent, et encore bien moins dans les campagnes, on était en droit de s'attendre à cet heureux événement, qui devenait d'autant plus assuré peut - être, que le mystère en était impénétrable à ces provinces, à ces départemens, comme inondés de tous écrits propres à exagérer dans toutes les têtes ou nos triomphes, ou les pertes des alliés, pertes auxquelles se joignaient assez naturellement la possibilité de leur couper entièrement la retraite, dernier point que l'on ne cessait de reproduire dans presque tous les journaux, quoiqu'on ne les lût plus qu'avec dédain.

On désirait généralement, que dis-je généralement ! toute la France désirait la paix, et toute la France sentait à merveille que quand même Buonaparte la ferait enfin, elle ne pourrait être stable. L'orgueil d'un homme ardent n'est jamais impunément humilié ; l'homme qui s'est vu presque le maître de l'Europe ; l'homme qui a tout soumis, hors l'Angleterre, à laquelle il avait néanmoins porté des coups terribles, n'aurait pas vu sa grande puissance restreinte soit aux anciennes limites de la France, soit au Rhin, sans se laisser entraîner par cette gloire qu'il envisageait seul, ou dans son cabinet des Tuileries, ou à la tête des

armées, sans, oui sans subir de nouveau le joug
d'un cerveau trop ébranlé, et que l'on doit juger
tel, depuis surtout cette fameuse explosion,
qui de par-delà le Rhin a retenti aux bords
fortunés et à jamais célèbres de la Seine,
de la Saône et du Rhône. Je n'irai pas plus
loin ; après avoir parcouru la France que
de réflexions n'aurait-on pas à faire !

Les bonnes gens de nos villages, habitués
à bien user du peu qu'ils ont, qui avec leur
gros bon sens jugent souvent mieux que bien
d'autres, économes par nécessité plus encore
que par devoir, parce que la nature ne les
favorise qu'à proportion des peines qu'ils
prennent à la cultiver, disaient tour à tour,
et de temps en temps, en poussant de gros
soupirs et en se reportant aux villes de la
Saxe dont ils avaient eu les dernières nouvelles de leurs enfans, n'écrivant plus depuis
longtemps : *E j' cros ben que c' fou d' Bona-
parte a fait sauter men ga à c' pont de
Lapzik.*

Eh ! sans doute nous étions fort éloi-
gnés de penser aux félicités que le ciel
préparait si mystérieusement parmi nous !
Nous demandions, je le répète, le retour des

lis dans ce bel empire, mais nous n'osions compter sur une aussi prompte réponse à nos vœux ; qu'au retour même de la belle saison, qui fait tout éclore et tout fructifier, les nations étonnées et la France elle-même reverraient ces lis resplendissans de tant de gloire sur le trône de tant d'illustres souverains et rendus encore plus chers à la France au seul souvenir du bon, de l'aimable Henri, grand Roi, le père de son peuple.

On comptait si peu sur le retour des Bourbons que la Normandie aurait marché au secours de Paris si elle en avait eu l'ordre.

Les peuples aux abois, quelques individus firent vers la fin de mars des chansons pour tâcher d'électriser les têtes, et ces individus sont à coup sûr les amis des Bourbons.

Mais l'amour de la patrie, long-temps engourdi par une sorte de terreur, se réveillait, et on se serait battu de bon cœur, tant cet état de calamité était outré et insupportable.

Dans le silence des campagnes comme au milieu du fracas des villes, dans la fameuse Normandie, et surtout dans le Calvados, dont je voyais mieux l'esprit qui dominait, on se rappelait le dernier Roi de France qui, à l'époque de son voyage à Cherbourg, avait traversé ce département, et laissé dans les cœurs les profondes racines du souvenir de la douceur, de la générosité, en un mot d'un homme excellent.

On se rappelait d'autant mieux ce malheureux Roi, et son ombre prenait des caractères plus prononcés en raison même des irritations toujours plus vives d'une douleur fatigante, et qui avait toute la cruauté de l'agonie. On désirait... on gémissait, on regardait les cieux... on croyait à la possibilité de grands changemens. On souffrait trop pour n'être pas bientôt au terme de la crise; l'âme était trop ulcérée pour juger ou du moins pour se livrer aux douceurs de l'espérance, et ce qui accroît toujours sa situation quand elle est fortement ébranlée, c'est la terrible nécessité de se maîtriser elle-même. Les habitans connaissaient ce fameux décret de mort rendu dans les plaines de la Champagne : toujours sages, toujours tranquilles, toujours soumis et toujours courageux, s'ils respiraient un peu ce n'était que dans leurs maisons, ou dans les rues, ou dans les promenades, ou au milieu des champs, ou enfin lorsque chacun de ces individus se livrait soit au travail ou aux autres fonctions privées ; nulle part, à moins qu'on ne fût entre amis bien connus, l'air ne retentissait d'un seul mot de plainte ; on souffrait, on savait souffrir en silence en attendant l'heure des destins.

Jupiter et sa foudre, ce vainqueur de tant de rois, avec ses belliqueux Français, n'avait point encore, grand dieu !... fourni sa carrière.

Ah, mon cher Philidor ! à ce jour même je voyais encore quelque chose dans cet homme abandonné de ceux mêmes qui auraient dû ne le quitter que les derniers. J'apercevais, comme au travers d'un foyer d'erreurs, une âme qui ne se détrempait qu'insensiblement, qui résistait aux efforts redoublés d'une part, et qui n'était pas plutôt prête à s'abattre, qu'aussitôt elle reprenait toute son énergie, frappée ou par le danger de ses propres erreurs, ou par l'habileté d'une marche à laquelle elle n'avait pas d'abord songé. Tant de combats devaient enfin, comme toute autre chose, avoir une fin. L'inconstante Fortune, qui n'est jamais plus inconstante que lorsque l'on cesse d'en prendre soin, de la gouverner sagement, et d'avoir pour elle les mêmes petits soins que l'on a d'ordinaire pour une très-jolie femme, que l'on rend avec tant de plaisir dépositaire de tant d'amour; cette Fortune enfin, excédée et comme rassasiée de sa possession, et qui préfère aussi un homme plus jeune, déjà bien infidèle sans doute, n'a pu être condamnée de son abandon définitif, ni des femmes de la capitale, ni des femmes des grandes villes de la Champagne, de la Bourgogne et tant d'autres pays, qui la voyaient (eh sans doute qui la voyaient!) accorder ses si douces faveurs à cet empereur de Russie, à cet Alexandre, que, d'après leur mot et comme pour marquer ma déférence à leur jugement, j'ose me permettre d'appeler moi-même dans mes couplets *cet homme si charmant.*

Je te fais entrer, par un mouvement in-volontaire, dans l'esprit des couplets que j'ai osé faire pour le roi. As-tu le temps ? Veux-tu m'accorder encore une minute ? Je vais te rendre compte d'une circonstance qui n'a pas eu peu de part au projet que j'ai si subitement conçu de célébrer l'entrée de notre légitime souverain dans sa capitale. L'âme est d'une si singulière nature , qu'elle est souvent bien souple et bien mobile ; les passions l'agitent et la font mouvoir comme un roseau sur un terrain inculte , mal desséché , constamment exposé au contact de l'air.

Je t'avouerai donc franchement que le récit qui m'a été fait de ce général , outre qu'il m'a plu , a fait sur tous mes sens une impression si grande , que ses idées et les miennes se sont pour ainsi dire identifiées. Tu me feras part de tes réflexions. Voici mot pour mot le récit que je me suis fait dicter par un de mes anciens camarades ; malgré nos liaisons il n'a pas voulu me donner d'autres renseignemens.

Ecoute-moi : quelques jours après l'entrée à Paris des alliés, un vieux général, couvert d'honorables blessures , qui fut élevé à l'école militaire de Saint-Louis , où l'on apprenait à servir Dieu en obéissant à son Roi , où l'on étudiait dans Batteux l'art de parler au cœur des hommes avant de chercher à commander par la force et les vaines démonstrations d'un spadassin ou d'un fanfaron , réunit *à déjeuner* en son hôtel , rue... Quelques-uns de ses camarades , et plusieurs jeunes officiers de différens régimens, au nombre desquels il s'en trouvait

quelques - uns qui arrivaient de Fontaine=
bleau.

Hé bien, que fait Napoléon ?... le voit-on ?
sort-il ? (dit le général à un de ces derniers
qui était arrivé dans le jour même) que de-
viennent les soldats ?...

Aucun de nous ne l'a vu ces jours-ci, m'a-
t-on dit. Je n'ai fait que passer à Fontainebleau, où je me suis arrêté au plus une heure ;
mais je suis certain qu'il n'a plus d'armée. Il
est probable que sa Garde, extrêmement
affaiblie dans le moment où j'ai l'honneur de
vous parler, se soumettra ; une chose qui me
fait plaisir, c'est que les officiers ne déses-
pèrent pas d'en recevoir l'ordre de lui-même.

Ce que vous m'apprenez là ne me surprend
point, répond le général ; et je suis sûr que
Napoléon, une fois à l'île d'Elbe, ses sens re-
froidis, sa tête enfin tranquille, délivré du
grand poids des affaires, sentira le prix de
sa nouvelle situation ; il le sentira trop pour
s'exposer à de nouvelles chances. Il pourra
même vivre plus heureux que jamais il n'eût
pu faire : vous verrez qu'il prendra goût à
écrire l'histoire.

Je remercie tous les jours la providence ;

messieurs, du retour des Bourbons; et de nous avoir rendus aux rois reconnus par nos pères. J'ai personnellement de bien minces obligations à Buonaparte; je n'ai jamais concouru ni directement ni indirectement à son élévation, que j'ai toujours blâmée; je l'ai admiré cependant, surtout à sa campagne de Marengo; et je vous avouerai franchement que sa conduite à cette époque m'avait aussi un peu trop gâté : j'oubliais l'usurpateur, l'homme qui effrontément et comme Cromwel lui-même était venu faire violence à sa nation pour s'en déclarer le maître. Quand il fit ensuite sa première campagne de Vienne, je me revis entraîné par une infinité d'idées, toutes aussi séduisantes pour moi qu'à Marengo. Nous étions bien puissans au milieu de tous ces triomphes et nos armées dans Vienne! soit illusion, soit ce que je ne puis vous dire, tout vieux comme j'étais, je me trouvais dans l'extase... j'étais comme tous les Français. Il faut toujours que nous disions la vérité, nous autres militaires. Hé bien! il a rendu sa capitale à cet empereur qu'il aurait pu détrôner, et il l'a rendu de bonne grace. Revenu parmi nous, il s'est occupé à perfectionner les lois : je ne connais rien au civil, mais je crois qu'il s'en est trop sérieusement occupé, environné des Tronchet, des Portalis, pour que cette partie n'ait pas éprouvé d'énormes améliorations. Quant à nos institutions, tout le monde convient qu'elles étaient dignes de la France. Cependant la discipline a péri. Oui ! mais cette autre campagne de Vienne, qui nous a enlevé tant de braves, et dans laquelle nous avons eu particulièrement à regretter le duc de Montebello, qui, comme vous savez, était plaisant à force d'être franc avec l'empereur ; cette campagne, quoique terminée heureusement, avait singulièrement pesée sur l'infanterie, et tous ces officiers de Saint-Cyr, de Fontainebleau, qu'on admirait à Paris, étaient restés ou en-deçà du Danube, ou à Wagram. Les belles époques de Tilsit, nous ne les oublierons jamais ; mais la Pologne c'était une folie que d'y penser. Cependant j'avouerai que les malheureux Polonais sont de si braves gens et tellement illustrés par celui d'entre eux qui, au lieu d'un bâton de maréchal, méritait, oh oui, méritait de recevoir une couronne sur le champ de bataille !... Ils pleuraient à Soissons,

ces braves riverains de la Vistule... J'ai là
le portrait d'un de leurs généraux ; passons
dans la pièce voisine. (Ils suivent le général.)
— Mais c'est Alexandre !... c'est l'empereur de
Russie !... — Oui... mais voici le général...

Vous avez, général, une très-jolie collection... Comment n'avez-vous pas Guillaume,
roi de Prusse? —Je ne l'ai point encore trouvé
chez aucun peintre.— Et celui de l'empereur
d'Allemagne ? — On y travaille ; je l'ai même
vu esquissé presque en entier chez.... le nom
ne me revient pas. Voilà Raptachin, gouverneur de Moscou : il n'est que crayonné au pas-
tel, et cependant il me coûte bon prix ; encore
ai-je eu toutes les peines du monde à l'avoir ;
c'est l'unique à Paris. Buonaparte n'eût pas
permis que l'image d'un pareil homme frappât
les regards des Parisiens... C'est d'un sergent
français, échappé miraculeusement de la
Russie, que j'ai fait cette acquisition : je l'aurais payé ce qu'il aurait voulu : il me l'a fait
dix napoléons ; je l'ai pris au mot ; et encore avait-il peine à s'en défaire ; je ne l'aurais même jamais eu si je n'eusse consenti à lui
permettre d'en faire une copie lorsqu'après
avoir vu ses parens il reviendra dans la capi-

tale. J'aime cet homme , j'aime ce gouverneur de Moscou , non pas parce qu'il a été cause de la destruction de notre armée , mais parce qu'il a montré un grand caractère et en faisant brûler la ville de son gouvernement, et en brûlant lui-même son propre château ;... parce que ces deux actions , qu'il ait eu ou non pour la première l'ordre de son souverain , annoncent sans contredit une âme fortement trempée , et que la seconde annonce de plus cet âme sensible, bonne , passionnée pour le bonheur commun , sachant tout sacrifier aux douces , aux belles, aux grandes inspirations de l'amour, de cet amour de la patrie , digne de l'admiration de l'univers , et qui à plusieurs époques a porté la gloire de la France au faîte des grandeurs !...

Nous cherchons bien loin de nous des exemples de courage, tandis, messieurs, que nos voisins en offrent à nos yeux dont on saisit bien mieux l'ensemble des circonstances , et qui , j'oserai dire , sont plus susceptibles d'entraîner ou d'émouvoir nos cœurs que bien d'autres sur lesquels les siècles se sont accumulés. Notre propre histoire , à nous-mêmes français , est féconde en grands et beaux traits sous ce seul rapport. Rappelons-nous Bayard, le fameux Bayard ; l'héroïsme que fit éclater le siége de Calais ; ce d'Assas en Amérique ; ce jeune officier à Nanci, qui s'élance à la gueule du canon, reste immobile plutôt que de se retirer, et tombe !... tant d'illustres magistrats qui de nos jours ont préféré la mort à l'affreux joug de la tyrannie vers laquelle nous approchions de plus en plus sous Buonaparte, sans avoir dans notre immense population des individus qui, comme les premiers, fussent assez forts, assez généreux, assez fiers ou fermes pour la dédaigner ou la braver ; montrer enfin à cet homme si superbe lui-même que les Français, soumis par inclination autant que par devoir aux lois, se révoltaient au seul acte d'un tyran, qui, une fois là, est bientôt assassin, et assassin aussi méprisable et plus dangereux sans contredit qu'un Ravaillac, qu'un Robert Damiens, qu'un lâche Derouge d'Auneau, si connu dans l'Orléanais, périssant ou se sauvant à Chartres en livrant plus de soixante ou quatre - vingts de ses complices chauffeurs, brûleurs, dévastateurs de tout ce beau et bon pays. N'en doutons plus, messieurs, tous les freins étaient rompus ; nous n'avions plus ni roi , ni empereur en Buonaparte : nous avions un despote , un dictateur éternel en sa personne, qui , las de tourmenter ses voisins , ou ne pouvant plus faire la guerre au-dehors , l'aurait faite au-dedans de l'empire , à ses prétendus sujets , à nous autres militaires lorsque ses trésors eussent été à sec; et lorsque , notre attente trompée , nous nous serions regimbés, lui, (eh oui lui-même !) hors d'état de tenir à ses promesses , il nous aurait exterminés ou fait exterminer avec les hommes courageux de l'ordre civil , qui auraient osé enfin se mettre en avant ou essayé à contenir les déportemens de sa rage.

L'état où cet homme se trouve m'impose cependant quelques obligations. Il peut être déjà assez malheureux des remords d'une conscience naguère insensible à force d'avoir trop senti, et qui reprend sa première nature sous un nouveau ciel, et loin des miasmes d'une cour qui l'a perdu : il peut assez souffrir déjà en se repliant sur lui - même sans que j'accélère par mes réflexions les mouvemens des remords, ou que je lui en crée de nouveaux. Dieu le veuille!... O grand Dieu ! permets ce changement, et à toi-même je demande de me pardonner des maux que je partagerais, qui me tuent, me troublent et me mettent dans un état affreux!...

Mais revenons à cette France autrefois peuplée de vingt cinq millions d'individus, et éloignons de nous toute vaine sensibilité. N'a-t-il pas lui-même disposé de son sort?... Devons-nous alors encore balancer? Il a bien inutilement ensanglanté notre territoire : quelle invasion!... Les conquêtes de nos plus illustres généraux s'envolent comme une poussière... Mon ame est bouleversée à l'aspect des alliés dans Paris! Nos monumens sont peut-être menacés, ou peut-être attaqués, et toutes nos richesses compromises; notre gloire est encore plus particulièrement insultée; que ne lisons-nous pas dans les ordres des généraux russes ou prussiens! Je recule indigné à la seule vue d'un aussi grand renversement, et j'accuse Buonaparte, et toute la France l'accuse elle-même; seul il est auteur de tant de maux, d'outrages et d'humiliations. Je suis toutefois étonné qu'Alexandre permette que ses généraux fassent traduire dans notre langue ce qu'il leur plaît de dire à leurs soldats. A coup sûr que de pareils traits lui sont inconnus, à lui qui donne l'exemple de la générosité et de la modération, qui admire notre valeur et craint d'offenser des cœurs qu'il connaît malheureux !

La nation, dont les Bourbons sont la première famille, est avilie ici; et si cet avilissement est souffert une fois, il sera répété à l'infini. Nos voisins mépriseront ces fiers Français, et les Français eux-mêmes s'habitueront à ces vilenies... ils tomberont dans la bassesse ; ils perdront ce noble caractère national : car au fait les alliés peuvent-ils se vanter d'avoir remporté une seule victoire, une victoire dans tout le mot victoire, sur le territoire entre le Rhin et la Seine? L'affaire de Brienne a été de toutes la plus à leur avantage, et cependant ils n'ont pu à la nuit que bivaquer au milieu de leurs morts... Celle de Laon que prouve-t-elle?... Je le sais bien, mais je ne veux rien dire à cet égard... Ces messieurs sont dans la capitale ; c'est que nous l'avons bien voulu, c'est que nous voulions des Bourbons ; c'est que nous rejetions Buonaparte ; c'est que nous voulions en revenir au roi, au seul roi digne de nous gouverner ! Voilà comme les alliés sont entrés dans Paris ; voilà ce qui me console de leur présence au cœur de la France ; voilà ce qui doit nous consoler tous, sécher nos larmes , et ouvrir nos cœurs à la douce espérance que la paix , en réparant tant de maux , refortifiera ce corps , cette nation auguste que Buonaparte aurait déshonorée entièrement , et qui sous de bons rois peut reparaître à la face de l'univers avec plus d'éclat et de splendeur.

On est venu annoncer que le déjeûner était servi. Le général , d'ailleurs un peu fatigué , en est resté là ; nous sommes descendus : la femme du général avec ses nièces , toutes charmantes et fort aimables, nous attendaient. Je crois qu'il y avait aussi la femme du général... tué dans cette campagne : elle a toujours autant de modestie comme de grace. La conversation , d'abord si sérieuse , devint gaie et enjouée. Tu connais M...; il nous amusa de ses saillies : il sortit avec les dames après le déjeuner, et quelques autres officiers. Nous sommes restés huit ou dix avec le général, et la conversation est redevenue sérieuse ; nous en parlerons une autre fois. Chantons mes couplets avant de courir au spectacle, et célébrons l'entrée du Roi; bons ou mauvais, ils ont été fais de bon cœur; Chantons, chantons donc le Roi!

AIR : *Partant pour la Syrie.*

Oh! reçois nos hommages;
Nous remercions les dieux;
Louis le bon des sages,
La joie est dans tes yeux :
Ah! comme tu sais plaire!
On te connaît si bon !
Voilà comme on doit faire
L'éloge d'un Bourbon!... (*bis.*)

Alexandre en la France
N'est que libérateur :
Voyons sa contenance;
A-t-il l'air d'un vainqueur ?
De toute la patrie
Il a vu les exploits :
Une gloire flétrie
Ne convient point aux Rois.

Célébrons Alexandre,
Cet homme si charmant,
Qui n'a rien mis en cendre,
Qui n'est pas conquérant !...
Excellent Roi, bon père,
Héritier des Louis,
A ce titre prospère
Les Français sont soumis.

Egayons-nous, mes frères ;
Restons tous bien unis ;
Oublions toutes guerres
A l'aspect de nos lis :
Aimons donc Alexandre ;
Fêtons tous ses soldats ;
C'est justice leur rendre
Devant nos potentats.

FIN.